SIÉGE DE PARIS DE 1870

—

CINQ EAUX-FORTES

PAR

BRACQUEMOND

—

LE BASTION 84 — BICÊTRE ET LES HAUTES-BRUYÈRES
LA ROUTE D'ITALIE
LA STATUE DE LA RÉSISTANCE, DE FALGUIÈRE — LE BUSTE
DE LA RÉPUBLIQUE, DE MOULIN

PARIS
P. ROUQUETTE, LIBRAIRE-ÉDITEUR
85-87, passage Choiseul, 85-87

—

M DCCC LXXIV

Tirage à cent exemplaires paraphés.

L'artiste éminent qui a reporté sur le cuivre, au moment même, ces croquis du siége de Paris, crayonnés pendant les mois néfastes de novembre et de décembre 1870, a tenu à leur laisser la sincérité et la naïveté de l'impression immédiate ; ses planches sont restées à l'état précis où l'habileté du graveur se laisse sentir sans s'accuser. La griffe du maître n'y est pas moins reconnaissable et sensible : elle se montre dans la variété sommaire et la décision des travaux, dans la beauté et la certitude de la morsure. « *He is the cock in the art of etching ;* » *Celui-ci est le mâle de l'eau forte ;* nous disait un aquafortiste anglais, caractérisant d'un mot énergique et pittoresque le talent de M. Bracquemond, tout éclatant de franchise et de virilité.

Le bastion 84, planche initiale, avec son appareil de défense en perspective fuyante, présente un aspect du siége sans doute analogue à beaucoup d'autres sur le périmètre des fortifications. Mais il convient de le considérer comme point de départ d'un ensemble panoramique dont les planches suivantes donnent le développement.

Après avoir dépassé la porte de Gentilly, boulevard Kellermann, à Montrouge, on a à sa droite le bastion 84 (planche 1), en face le château et le fort de Bicêtre, avec le plateau des Hautes-Bruyères dans le lointain (planche 2) ; et en suivant à gauche la ligne de l'horizon, la route d'Italie (planche 3). La statue de *la Résistance*, de M. Falguière (planche 5), et le buste de *la République*, de M. Moulin (planche 6), ont été improvisés, en neige, sur un talus de la route militaire formant le centre de ce prospect, entre Bicêtre, du côté de la campagne, et du côté de Paris, la vallée de la Bièvre, dominée par la Butte-aux-Cailles.

Rien n'est encore aujourd'hui changé dans ce paysage militaire ; il reste entier, moins les baraquements démolis des gardes-nationaux. Ceux de la 7e compagnie du 19e bataillon, qui y campaient, retrouveraient encore leur modeste buvette à l'enseigne de *la Chaumière*, avec sa toiture en toile goudronnée et la nomenclature fallacieuse de ses consommations variées, abritée en retour du talus où se sont dressés, trop peu de temps, la statue et le buste qui manifestèrent l'énergie patriotique et le génie artistique du grand Paris.

Avec la certitude plastique qui fait le charme de ses écrits, Théophile Gautier a su rendre à jamais visibles, dans un de ses *Tableaux de siége* (1), les œuvres éphémères de MM. Falguière et Moulin ; M. Bracquemond en a conservé dans ses eaux-fortes l'aspect mélancolique et grandiose. Elles sont ainsi sauvées deux fois. Il est curieux de savoir que le poète avait été averti précisément par l'artiste, et qu'ils firent de compagnie le pélerinage aux remparts. C'est M. Bracquemond lui-même que Gautier qualifie « un peintre de nos amis » dans le récit que nous allons transcrire :

« Un peintre de nos amis est venu hier nous chercher pour nous mener au bastion 84, où nous verrions, dit-il, quelque chose d'intéressant ; mais il fallait se presser, la nuit tombe vite en ces tristes jours de décembre, et d'ailleurs

(1) *Tableaux de siége, Paris, 1870-1871 ;* Paris, Charpentier, in-18. Le chapitre de ce beau livre intitulé : *L'Art pendant le siége,* que nous reproduisons en partie, a paru d'abord dans le *Journal officiel.* Dans son numéro du 31 décembre 1870, l'*Illustration* l'a fait servir de commentaire à un dessin de M. Philippoteaux, gravé par Smeeton, qui représente M. Falguière exécutant la statue de *la Résistance.*

un changement de température pouvait anéantir l'objet de notre pèlerinage. Nous voilà donc parti en toute hâte, maudissant la lenteur de notre pauvre cheval de fiacre qui patinait sur la neige durcie, d'autant plus glissante que nous avancions dans les rues désertes des quartiers s'étendant au-delà du Luxembourg et de l'Observatoire....

» Arrivé au chemin de ronde du rempart, nous abandonnâmes notre véhicule, dont le cheval s'était abattu, et notre ami nous conduisit à l'endroit où se trouvait la curiosité qu'il nous avait promise, et qui valait, en effet, le voyage au bastion.

» La 7e compagnie du 19e bataillon de la garde nationale contient beaucoup d'artistes peintres et statuaires, blasés bien vite sur l'éternel jeu de bouchon, et qui ne demanderaient pas mieux que d'occuper d'une autre manière leurs loisirs d'une faction à l'autre.... Or, depuis trois ou quatre jours, il est tombé une assez grande quantité de neige, à moitié fondue déjà dans l'intérieur de Paris, mais qui s'est maintenue sur le rempart plus exposé au vent froid qui vient de la campagne. Et comme il y a toujours chez l'artiste, quel que soit son âge, un fond d'enfance et de gaminerie, à la vue de cette belle nappe blanche, l'idée d'une bataille à coups de boules de neige, se présenta comme une distraction de circonstance. Deux camps se formèrent, et des mains actives convertirent en projectiles les flocons glacés et brillants recueillis sur les talus. L'action allait s'engager, quand une voix cria : « Ne vaudrait-il pas mieux faire une statue avec » ces pains de neige ? » L'avis parut bon, car MM. Falguière, Moulin et Chapu se trouvaient de garde ce jour-là. On dressa un semblant d'armature en moëllons ramassés de côté et d'autre, et les artistes, à qui M. Chapu servait complaisamment de praticien, se mirent à l'œuvre, recevant de toutes mains les masses de neige pétrie que leur passaient leurs camarades.

» M. Falguière fit une statue de la Résistance et M. Moulin un buste colossal de la République. Deux ou trois heures suffirent à réaliser leur inspiration, qui fut rarement plus heureuse....

» La statue de M. Falguière est placée au bas d'un épaulement, non loin du corps de garde, sur le bord du chemin de ronde, et regarde vers la campagne. L'artiste délicat auquel on doit *le Vainqueur au combat de coqs*, *le Petit martyr* et *l'Ophélie*, n'a pas donné à *la Résistance* ces formes robustes, presque viriles, ces grands muscles à la Michel-Ange que le sujet semble d'abord demander. Il a compris qu'il s'agissait ici d'une résistance morale plutôt que d'une résistance physique, et au lieu de la personnifier sous les traits d'une sorte d'Hercule femelle prête à la lutte, il lui a donné la grâce un peu frêle d'une Parisienne de nos jours. *La Résistance,* assise ou plutôt accotée contre un rocher, croise ses bras sur son torse nu avec un air d'indomptable résolution. Ses pieds mignons, s'appuyant, les doigts crispés, à une pierre, semblent vouloir s'agrafer au sol. D'un fier mouvement de tête, elle a secoué ses cheveux en arrière, comme pour faire bien voir à l'ennemi sa charmante figure, plus terrible que celle de Méduse. Sur ses lèvres se joue le léger sourire du dédain héroïque, et dans le pli des sourcils se ramasse l'opiniâtreté de la défense, qui ne reculera jamais....

» Au bas de cette statue improvisée, M. Falguière a eu la modestie d'écrire en lettres noires sur une planchette : *la Résistance.* L'inscription était inutile. En voyant cette figure d'une énergie si obstinée, tout le monde la nommera, quand même elle n'aurait pas à côté d'elle son canon de neige....

» Sur le point le plus élevé de l'épaulement domine le buste colossal de la République, de M. Moulin, dont le regard, par dessus le bastion, semble plonger dans la campagne (1). Mais ce n'est pas de là qu'il faut le voir : le bon endroit est sur le chemin de ronde, au pied du talus. Quand l'artiste travaillait à la tête de *la République,* dont les lignes doivent être allongées et combinées pour un plafonnement considérable, ses amis lui criaient d'en bas : « Rajoute du front, soutiens la joue, avance le menton, remets de la neige au bonnet ! » Et l'artiste, perché sur son épaulement, comme un ouvrier grec au sommet d'un fronton, écoutait les indications et les critiques, et le buste prenait une beauté majestueuse et terrible. »

Ainsi que le dit Théophile Gautier, la 7e compagnie du 19e bataillon, capitaine de Méricourt, contenait beaucoup d'artistes ; elle était même formée à peu

(1) Pour une raison facile à comprendre, dans l'eau-forte de M. Bracquemond, le buste de *la République* est au contraire tourné vers Paris.

près exclusivement de peintres, de statuaires, et de professeurs des rues d'Assas, Vavin et Notre-Dame-des-Champs.

Nous citerons MM. Chenavard, Français, Carolus Duran, Toulmouche, Philippoteaux, Lansyer, Lambert, E. Oudinot, Ranvier, peintres; MM. Falguière, Delaplanche, Moulin, Lepère, Renaudot, Villain, Chapu, sculpteurs; M. Renard, dessinateur à la manufacture de Sèvres; M. Desmadryl, graveur; M. Leneveu, musicien.

Sans doute nous en passons, et des meilleurs.

Paris. — Typ. Mottéroz, 31, rue du Dragon.

Croquis fait en faction le 16 8bre 1870
bastion

LA RESISTANCE

www.ingramcontent.com/pod-product-compliance
Lightning Source LLC
LaVergne TN
LVHW052038160826
845678LV00003B/1409

* 9 7 8 2 3 2 9 6 3 3 4 9 7 *